MENINO PERPLEXO

Israel Mendes

MENINO PERPLEXO

Israel Mendes

Porto Alegre
2010

Preparação
Reginaldo Pujol Filho e Rodrigo Rosp

Capa e projeto gráfico
Marcelo Ferranti

Finalização
Évelyn Bisconsin – Porto DG

Revisão
Rodrigo Rosp

Dados Internacionais de Catalogação na Publicação (CIP)

M538m Mendes, Israel
Menino perplexo / Israel Mendes. – Porto Alegre : Dublinense, 2010.
64 p. : 21 cm.
ISBN: 978-85-62757-16-7

1. Literatura Brasileira. 2. Poesia Brasileira.
I. Título.

CDD 869.9368

Catalogação na fonte: Ginamara Lima Jacques Pinto (CRB 10/1204)

Av. Taquara, 98/504
Petrópolis – Porto Alegre – RS
contato@dublinense.com.br

dublinense

Dedico este livro à Língua Portuguesa
e às suas incríveis, precisas e diversas
possibilidades de expressão.

À Lili, pelo amor, pelo cuidado, pela paciência e por ser mulher mais incrível que eu já conheci. 1, 2, 3.

Ao Seu Manuel, por ser meu pai durante tanto tempo.

À Geni e ao Odilon, por estarem representando tão bem o papel de mãe e pai.

Ao Marcos, por ter influenciado minhas decisões profissionais, muitas pessoais e por ser meu irmão mais velho.

Ao Marco, de certa forma meu irmão mais novo.

À Clarissa, pela amizade e por ter me reacendido a vontade de escrever.

Ao Reginaldo, por ter tornado tão simples o acontecimento deste livro.

Aos amigos, que tanto já me ajudaram nesta vida.

À Tanha, pelo pouco, mas inesquecível tempo em que esteve ao meu lado.

OS JOGOS DO ISRAEL

Conheci o Israel antes do poeta. Por isso, sei que o Israel, entre outras coisas, adora jogar videogame. Tanto isso é verdade que, já faz um tempo, ele tem uma empresa que cria jogos eletrônicos.

Mais do que uma curiosidade para os leitores dele, acho que isso é um fato importante para a escrita do Israel. Em *Menino perplexo*, parece que o autor segue jogando, segue se divertindo com as palavras ou nos propondo games a cada um dos seus poemas.

O Israel que cria jogos de videogame, me parece, não difere do que cria poesia. Um é o menino que ficou perplexo na frente de um Atari, de um Master System e decidiu criar seus próprios brinquedos. O outro é menino que perplexou na frente da palavra e da vida e resolveu criar seus próprios sentidos.

E os dois jogam. E convidam a jogar.

E a poesia, no fim das contas, também não é isso? Jogar com palavras, sentidos e imagens? Explorar novas fases para as palavras e as frases? Deixar outros tantos meninos e meninas perplexos e com vontade de jogar e de criar seus próprios jogos?

Acho que é.

Então, continue pelas próximas páginas e aproveite que aqui não tem game over.

Reginaldo Pujol Filho

O mundo perdia a magia
No dia em que a Maria
Descobria que não havia cegonha
Mas sim pai e mãe sem-vergonha

Os ossos femininos
Se exibem, repentinos
Escapolem aos vestidos
Se insinuam aos sentidos
Mulheres-croquis
Caricatas, pontiagudas
Povoam meus sonhos
Meandros e melindros
Traços longínquos,
Desen
contrados
Descrevem seus corpos
De norte a sul
Pouco pesam
Sob os pescoços
Seres de carne e ossos
Costelas em braile
Clavículas, omoplatas
Personagens principais
Das pulsões deste poeta
O que mais me excita
Nas mulheres
Não são as curvas
Mas as retas

EU

NÃO

ANDO MUITO

BEM DOS OLHOS

SÓ ENXERGO VOCÊ

i

i

TEM ALGO ESTRANHO ACONTECENDO ALi

DAQUELE LADO, POSSO VER DAQUi

NÃO DECIFREI, SEQUER EU DEFINi

VIDREI OS OLHOS, MESMO ASSIM NÃO Li

NÃO ME PERGUNTE, AINDA NEM CONSEGUi

INVESTIGAR, AINDA NÃO DESCOBRi

FUI MAIS PRA PERTO, MAS NÃO DISTINGUi

SEM REAÇÃO, NEM QUANDO EU INSISTi

MAS DESCONFIO, EMBORA AINDA NÃO Vi

QUE É UMA GOTEIRA, UMA GOTEIRA EM Si

QUE ESTÁ PINGANDO PINGOS NOS MEUS iS

i

i

i

Interna em mim
Uma célula lúcifer
Redefine a lógica
Do meu organismo
Se multiplica
Silêncio pré-fúnebre
Se espalha
Pela minha malha
Enquanto sorrio
Aceno
Leio
Vivo
Sombria mente
Aos meus glóbulos
Planeja nódulos, cistos
Desconfio
Que posso estar
Me despedindo
Da dúvida
Da vida
E da morte

À literatura
Deixo
Um poema
Póstumo
r

Subi nos morros
Andei por encostas
Contornei ladeiras
Explorei florestas
Desci corredeiras
Espiei por frestas
Invadi propriedades
Esconderijos famosos
Devastei cidades
Ultrapassei concreto
Visitei monumentos
Adentrei muralhas
Atravessei cimento
Venci batalhas
Até que um dia
Quando o sol se abria
Peguei carona
Em algumas gaivotas
Voamos bem alto
E o ar rarefeito
Naquele segundo
Respirei bem fundo
E bati no peito
E saltei com bravura
Sem medo de altura
E comecei a cair
Passaram-se anos
Fui caindo, caindo
E caí no oceano
Já faz três verões
Em pleno alto-mar
Só eu e os tubarões
E nada,

nada,

Anos e anos
Depois da uva
Vovô já não vive
E Ivo
Viu a vulva

nada,

Eu prego uma inveja
Com jeito de seita
A inveja profunda
Do homem moderno
Que sabe que sente
No fundo do peito
Debaixo do terno
A inveja perfeita
Inveja que até
O enfermo que sente
Deitado no leito
De modo suspeito
Somente seis dentes
Desmente que sente
A inveja que deita
Na cama com a gente
Se despe em repente
De tão rarefeita
Mas inda presente

Invejo o cupido
Que é amigo do amante
Seu arco, sua flecha
Também seu semblante
Invejo esse amido
Do homem que pesa
Bem menos que eu
Invejo o que é teu!
Invejo tua mesa
Fartura, beleza
Pai rico, Pai Nosso
Que estais lá no céu
Invejo teu véu
Invejo o poblema
Desse analfabeto
Invejo os fonemas
De outros dialetos
Invejo Sua Alteza
A Mãe Natureza
E até a castidade
da Madre Tereza

Dia perfeito
O sol bate na janela
Você, na porta

milésimos, milésimos, milésimos
milésimos, milésimos, milésimos
milésimos, centésimos, décimos
décimos, segundos, minutos
horas, dias, dias, meses
anos, décadas
séculos
eras
eras
séculos
anos, décadas
horas, dias, dias, meses
décimos, segundos, minutos
milésimos, centésimos, décimos
milésimos, milésimos, milésimos
milésimos, milésimos, milésimos

Eu olho pro nada
E vejo uma fada
Tentei lhe dar oi
Fingiu que não viu
Virou-se e se foi
Após a pardida
Minuto em seguida
Deixou-me um sinal
A fada do nada
Mensagem cifrada
Tornou em vão cada
Esforço cabal
E encheu de delírios
De lírios repletos
De pífios insetos
E luzes piscando
E sons ressonando
Um mundo encantado
De coisas zanzando
Dizem que tal a fada
Só vem vez em quando
Se mostra pra poucos
Se move em meandros
A fada do nada
Do nada que eu sinto
A cada absinto
Dançou-se pra loucos
Virou-se almofada
Me pôs a dormir
E em sono profundo
Com música ao fundo
Deitou-se ao meu lado
Nã-nã-nã-nã-nã
A fada cansada
Então virou fado

Não tenho certeza
Eu só acho!
Que o teto
É um chão de cabeça para baixo

Existe um fosso
Entre o menino

E o moço

À minha professora da segunda série:

CAZA!

Garotinho deslumbrado
Esperando, à luz do dia
É no zoológico
Que criança vê
Um pouco de poesia
O bicho não aparece
Não grunhe
Não brama
Nenhum fonema
A criança reclama:
Pô, ema!

Engraçado
Seu cafuné combina com meu penteado

O operário brinca
Pega um tijolo, dois, trinca
Pega a espátula e vinca
Projeta o teto, ângulo reto
Do projeto do arquiteto
Ergue paredes, portas
Usa cimento e argamassa
Ama o que faz, mas
Não faz de graça
Mal sabe o operário
Que ele também é poeta
O prédio pronto
É poesia concreta

É noite
Quando o sol pisca

Feiúra
Evento genético
Que espanta os éticos
Afronta os céticos
Desaponta os simétricos
Doença sem cura
A feiúra, a saber
Acentua a deformidade
Da loucura
De nascer

Empurro a porta
Olhos cerrados
Surpresa ao abri-los
Uma língua conjuga verbos em seus
mamilos

saudade

Um agora que perdeu a validade

O vento
Com rara beleza
Descabela a natureza

Foi de repente
Não é enxaqueca
Não é dor de dente
Não adianta aspirina
Nem vitamina C
É doença mais grave, que não se vê
Não aparece em raio-X
Tomografia, hemograma
Não é câncer de próstata
Nem de mama
Não termina com ose
Não sufixa em ite
Dez dias de vida
Vinte?
Ainda não sei a razão
Aliás, ela existe ou não?
Fiquei doente assim
De repente
Primeiro o coração
Metástases na mente
Doente
Raríssimo tumor
Incurável, disse o doutor:
– Filho, você sofre de amor!

V I D A

I V DEVINDA

DEIDA

D A DEDÚVIDA

DEAINDA

O bafo da empregada
Embaça a janela
Que ela limpa da sacada

Ela respira
A janela embaça
Ela limpa

Ela respira
A janela embaça
Ela limpa

Ela respira
A janela embaça
Ela limpa

Ela cansa

Ela pensa

Ela prende a respiração

Ela salta do quinto
Morre
Mas tudo limpo

Verso o inverso
E vice-versa

Meu maior temor
É não ser digno
De morrer
De um tumor
Maligno

Velho capim
Seu sonho é morar num jardim

Quero você assim, meu leitor. Bem pertinho deste autor.

Eu Paralelepípedo Tu Paralelepípedas Ele/Ela Paralelepípeda Nós Paralelepipedamos Vós Paralelepipedais Eles/Elas Paralelepipedam	Eu Dicionariava Tu Dicionariavas Ele/Ela Dicionariava Nós Dicionariávamos Vós Dicionariáveis Eles/Elas Dicionariavam
Eu Motocicletarei Tu Motocicletarás Ele/Ela Motocicletará Nós Motocicletaremos Vós Motocicletareis Eles/Elas Motocicletarão	Eu Estetoscopiasse Tu Estetoscopiasses Ele/Ela Estetoscopiasse Nós Estetoscopiássemos Vós Estetoscopiásseis Eles/Elas Estetoscopiassem
Eu Pedregulharia Tu Pedregulharias Ele/Ela Pedregulharia Nós Pedregulharíamos Vós Pedregulharíeis Eles/Elas Pedregulhariam	Eu Janelei Tu Janelaste Ele/Ela Janelou Nós Janelamos Vós Janelastes Eles/Elas Janelaram
Eu Praçar Tu Praçares Ele/Ela Praçar Nós Praçarmos Vós Praçardes Eles/Elas Praçarem	Eu Cadarce Tu Cadarces Ele/Ela Cadarce Nós Cadarcemos Vós Cadarceis Eles/Elas Cadarcem
Mochila Tu Mochile Você Mochilemos Nós Mochilai Vós Mochilem Vocês	Não areies Tu Não areie Você Não areiemos Nós Não areieis Vós Não areiem Vocês

**Substantivos são verbos que ainda estão tímidos*

De cara amarrada
O velho
Desfaz a barba
Cerrada
O rosto abatido
Presente passante
Distante, perdido
Se vê em reflexo
Se pensa, perplexo
Semblante vencido
Reflete sua vinda
E o tempo que resta
Se assusta com pressa
O suor desce à testa
Amores, venturas
E cada insucesso
A primeira tez
A primeira vez
A primeira ex
Tudo é minguante
Turvo, embassado
Memória falida

O calvo da fronte
O dente cadente
Coração caducante
O velho amarrado
De rosto cerrado
Encerra sua barba
Encerra sua marra
E ainda em sua dúvida
Enfrenta sua ida
Em frente a si mesmo
Encerra sua vida
O velho navalha
Sem nada que o valha
Se corta e se banha
No rubro da malha
Venosa, já falha
O velho já velho
Já vírus, já vulto
Despenca, espatifa
De alma no luto
O velho, antes velho
Agora é insulto

Uma coisa é príncipe encantado
Outra coisa é supermercado
Uma coisa é pôr-do-sol
Outra coisa é trocar lençol
Uma coisa é luz de velas
Outra coisa é limpar remelas
Uma coisa é serenata
Outra coisa é matar barata
Uma coisa é estrela cadente
Outra coisa é feijão no dente
Uma coisa é frequentar cafés
Outra coisa é aguentar chulé
Uma coisa é buquê de flores
Outra coisa é certos vapores
Uma coisa é ir ao teatro
Outra coisa é lamber o prato
Uma coisa é tim-tim
Outra coisa é atchim!
Uma coisa é vestir Prada
Outra coisa é unha encravada
Uma coisa é espelho no teto
Outra coisa é furar o concreto
Uma coisa é dizer que ama
Outra coisa é cortar a grama
Uma coisa é Uma coisa
Outra coisa é Outra coisa
Uma coisa é um dia
Outra coisa é o dia a dia

Lápis em riste

O artista insiste

Em me desenhar triste

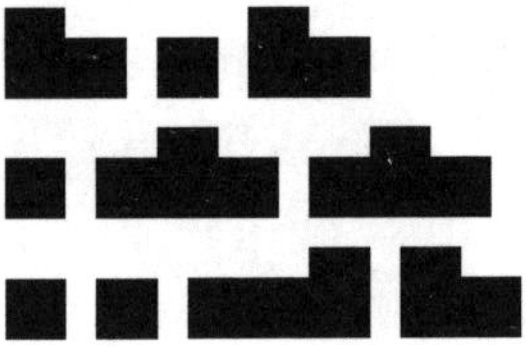

Calma

Meus defeitos vem depois

São guarnições

Do feijão com arroz

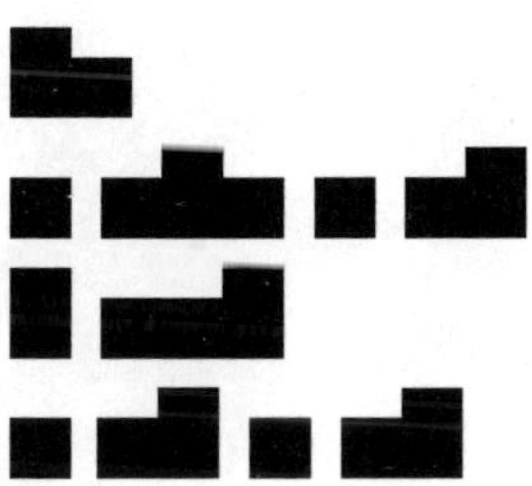

Por baixo da coberta
Peguei Marília
De braguilha aberta
Que descoberta
Marília
Moça de família
Próximo à virilha
Escondia um pênis
Marília
Não era
Marília
Era Dênis

nada,

O gostO da palavra jabuticaba
POr sobre a língua
nO centro
nas abas

Saboreio O
RepitO o
Sorvo O
SugO o

O gostO da palavra jabuticaba
Mesmo quandO termina
não acaba

As minissaias
Os minisseios
As coxas frouxas
Os devaneios
Os pés descalços
Corre a água morna
Desliza às costas
Cabelos negros
Os glúteos soltos
Desprotegidos
Dois gomos bobos
De um dia inteiro
A pele branca
Mamilos róseos
Lábios vermelhos
A mente fértil
Instinto puro
De travessura
Um ar de arteiro
Na fechadura
Moldando o arquétipo
Descobre o sexo
Tudo é complexo
Complexo de Édipo

O chute potente
Faz a bola viajar
O goleiro se alonga
Se atira
Só pega o ar
A torcida
Vai da vaia
À loucura
A bola cadente
Atravessa o quadrante

Quica
Requica
Rebola
Descansa
Na rua de trás

Depois da comemoração
O craque corre
Pra buscar

Na várzea é assim
Ninguém dissimula
Ora é Ronaldo
Ora é gandula

Para que portas?
Para que janelas?
Se sequer sei como entrei
E muito menos se há outra saída
Além deste

mocho

abaulado
E desta corda roída

O MONSTRO

Ao longo do tempo
Ao longo do lombo
O queixo no ventre
As pernas esquinas
O fardo dos ombros
Segunda a segunda
Joelhos cadentes
Velório da mente
A norma da sina
A forma dos loucos
Preenchia em mau cheiro
Os becos de urina
Cifose vigente
Casulo poente
Se arrasta nas valas
Da vida corrente
Refém de um exílio
Sem cotidiano
Nascido à sujeira
Sem eira nem beira
Orelhas de abano
Não fora inserido
Sequer foi cotado
Errante esquecido
À sorte, ao acaso
O monstro corcunda
Que o lixo circunda
E atende a mendigo
Não olha pra nada
Senão para o próprio umbigo

— Grrrrrrrrrrr

— Hmmmmm

— Pssssssssss

— Rsrsrsrsrsrs

— Tsc, tsc, tsc

— Shhhhhhhh

— Zzzzzzzzzzz

(Consoantes conspirando)

MEUS 32 ANOS

A aurora de Casimiro
Hoje a declamo, hoje a suspiro
Porque só hoje ela me dói
Meu ontem suplente
Pretérito de um presente
Que me corrói
E golfa lembranças perdidas
"Que os anos não trazem mais"
A aurora que me refiro
Outrora de Casimiro
Da minha infância vencida
Remonta uma vida mal contada
E desenterra uma mãe mal morrida

Aos quilos
Os olhos
pingam
nilos

Certa vez fui às compras
Comprei uma blusa só frente
Uma meia-calça arrastão
E uma saia bem indecente
Devia ser promoção
Daquelas que tem no centro
Veio uma mulher dentro

nada,

nada

de eu te encontrar.

do gelo
do riso
da morte
do raio
da obra
da fome
da noite
do fumo
da vida

delito
luto
coma
ruga
chuva
veredito
água
alvorada
aplauso

Velho ipê sem dono
A calvície lhe veio num outono

Errou feio o cupido
O alvo era casado
Foi demitido

A loira-encarte
Sacode o velho
Quase sessenta
A moça foge
O velho morre
A empresa fale
O gozo é falso
Mas o dinheiro vale

Barulhos estranhos
Urros, latidos
Arbustos assanhos
Meu medo me intriga
Um frio na barriga
Contenho a expressão
Espio de longe

Parece uma briga
Mas cá entre nós
Que ninguém me ouça
A cena me excita
Meu pinto palpita

Menino perplexo
Um moço
E uma moça
Fazem sexo
À força

ROMANCE

Sanga Menor · *Cíntia Lacroix*

Enchentes · *Guido Kopittke*

Crime na Feira do Livro · *Tailor Diniz*

Moinhos de sangue · *Ana Cristina Klein*

Fetiche · *Carina Luft*

Sob o Céu de Agosto · *Gustavo Machado*

CONTO

Um guarda-sol na noite e outros contos · *Luiz Filipe Varella*

O Ideograma Impronunciável · *João Kowacs Castro*

Mar quente · *Enio Roberto*

O girassol na ventania e outras histórias · *Marco De Curtis*

Outras mulheres · *Charles Kiefer (org.)*

Contos da mais-valia & outras taxas · *Paulo Tedesco*

O quase-nada · *Valmor Bordin*

Entre sombras · *Saul Melo*

POESIA

Cor de maravilha · *Maria Joaquina Carbunck Schissi*

Menino perplexo · *Israel Mendes*

NÃO-FICÇÃO

Olhar a finitude: um lidar psicanalítico da morte · *Alberto Abuchaim*

Minha trajetória: um vendedor no mundo dos negócios
e da política · *Moacir Volpato*

A Copa que interessa · *Eduardo Menezes*

Endomarketing inteligente · *Daniel Costa*

Para mais informações, acesse www.dublinense.com.br.

dublinense

Este livro foi composto em fontes Bembo Std e Museo e impresso
na gráfica Pallotti, em papel pólen bold 90g, em outubro de 2010.